Pluma y tinta

Rafaela Mila

Editorial La alborada

Copyright © Rafaela Mila 2021
Diseño Portada: Rafaela Mila
Maquetación y Ortotipografía: Rafaela Mila
Junio 2021
Estados Unidos de América

ISBN: 978-1-387-06147-1

Primera edición.

Donde hallar la tinta para mis versos,
si no es en la mágica luz de mi fiel tintero.
(Mi corazón)

Prólogo:

Con pluma y tinta escribimos la historia de nuestra vida cada momento, cada instante está formado con sentimientos y pensamientos que repercuten en el más allá. Siempre he pensado que la tinta es dueña del papiro y compañera de la pluma que va delineando con su divina textura cada deseo y presagio del alma.

La tinta con la que escribo es bombardeada desde el corazón y hace resplandecer la belleza de mi ser, es desde allí donde emana luz y vida. El pintor manifiesta todo lo que se desborda de su alma en el lienzo, y así el poeta va enmarcando el papiro con su tinta que es una huella indeleble llena de sentimientos. Entonces entre papiro y tinta, corazón y sentimientos se ennoblece el don divino que nos guía en un maravilloso viaje entre las letras.

Viaje por los sueños

Un día viajé por un feliz sueño,
discreto como un sumiso quejido,
en la cama era yo como un ovillo
mi alma sufría como ardiente leño.

Era un océano, un mar a temer
entre sueños estaba arrepentida,
gemía, como un alma aparecida,
resuellos y locura, era mi ser...

En el sueño, era rosa en agonía
y las espinas con dolor me herían,
volaba y gemía en la noche fría
porque solo mis versos me querían.

Sentía en mis sueños falsas caricias
de un amor que fenecía en el tiempo,
ternura pálida de un mal momento
y lubricaba con odio, memorias.

Y al viajar tanto por los universos
desperté con unos fantasmas huérfanos,
que empobrecían todos mis veranos
como el más pernicioso de mis besos.

Remembranzas

Remembranzas en mi mente
son candelillas de fuego,
que abren sus alas al vuelo
por gimoteos candentes.

Risas que afloran con sueños
como olas del mar travieso,
arrumacos de tus besos
con sabores a venenos.

Lanzan quejidos mis brazos
por el vacío de sus lunas,
son lloros como lagunas
por el amor del ocaso.

Y con la rabia se embisten
por el desierto que acuna,
lágrimas como laguna
por los recuerdos que existen.

Hastío

Hoy, me quiere devorar el hastío
por la lluvia de otoño que no cesa,
mis ilusiones permanecen presas
en este diluvio de escalofríos.

Estoy harta de los recuerdos yertos
que me surcan en el tiempo, muy suaves,
con una loca sonrisa, cuál llave
manipulan esté presente incierto.

Inmersa en el diluvio matutino
desvanecida la luz del amor,
es como holocausto de la pasión
que flagela con rencor mi destino.

Y... Yo remojando mis pensamientos
con el llanto surcando los silencios,
por un manto, incomprensible recinto
de paz, miel, sabiduría y denuedo.

Luna

Corona de estrella
de gran alma bella
yo deseo   amarte,
hermosa doncella
tu luz que destella
es una obra de arte.

Luna caramelo
colmando mi cielo
mi amor infinito.
Luna gris con celos
reflejas desvelos
cuando oyes mi grito.

Luz incandescente
viviendo el presente
luce tus encantos,
mi niña inocente
con amor latente
y dolores santos.

Astro color plomo
alúmbrame un poco,
con risas y sueños
mi ingenioso gnomo,
alas de palomo
de sabor a ensueños.

Te regalo la paz

¿Es la paz vida en lo eterno?
¡Qué tierno!
¿Su alimento es el mayor?
¡Amor!
¿Sus valores el honor?
¡Mejor!
Paz es sentir el favor
de un sano sentimiento
levantando va al sediento
con tierno amor del mejor.

Asombroso mar

Mar callado que sacudes el alma
vas arrastrando tus olas de espumas,
acaricias con corales de calma
como los suspiros entre las brumas.

En tus entrañas mar busco el dolor
que se encadena sutil en mi todo,
con aliento vacío desertor
que va galopando en mí, algo incómodo.

Eres mar asombroso por tus saltos
delineas los tiempos a tu modo,
una inspiración para el soñador

que se mece en tus olas de rubor.
Mar de balanceos y gran periodo
de agitados llantos y amores faltos.

Conciencia

Mi alma y su conciencia
es desobediente,
vive con paciencia
sin ningún pendiente.

Rebelde es su ley
sin hipocresía.
Fuerte como rey
es su cortesía.

Vive de arrumacos,
sin falsas doctrinas.
Odia los atracos,
levanta cortinas.

Embelesada
mezclando verdades
hermosa y amada,
no tiene ansiedades.

Incita razón
amor y alegría
llena de pasión
al llegar el día.

Luna triste

Una agónica tristeza
respira la bella luna,
una magullada pena
la que esconde su negrura.

Ella solloza en la noche
le tiemblan mucho las piernas,
se viste de color sangre
por un amor en tinieblas.

Esa esperanza perdida
su triste mente gobierna,
como una mala semilla
que crece en la tierra seca.

Va rugiendo el fiero viento
con los ayes y quejidos,
en el cielo brama un trueno
se lamenta con suspiros.

Las desdichas de la luna
toca la mano de Dios,
él abraza su alma pura
y ella olvida su dolor.

Tinta negra liquida
como la lluvia de mis ojos
que se desliza desde mi alma

Profundas heridas

Tengo muy herida mi alma
a la tumba voy con pena,
el dolor es la condena
que arrastro cada mañana.

Herida por añoranzas
de una juventud lejana
que estaba insana, dañada,
vivía sin esperanzas.

Ellas son tan renegadas
con orgullos, sin sabores
momentos, de los dolores
por amores, rechazadas.

Eran suculentos besos
sutiles algo traidores,
perversos y encantadores
coquetos algo traviesos.

Hondas heridas de amor
como las flores marchitas,
y hoy mi corazón se agita
por el desgraciado hedor.

Noche de brasas

Es un gran amanecer de locura
por la premura tibia del apego,
que explota y hace renacer un fuego
que viaja por la sangre con bravura.

Es fiera que despierta sin decoro
alma desenfrenada en la pasión,
oleada intensa del corazón
que va seduciendo poro por poro.

Labios que se clavan como un arpón
en la piel por el amor con un lloro,
y muestras de complacidas delicias.

Con torrenciales lluvias de caricias,
abrazo su pecho como ciclón,
como oro molido, mi gran tesoro.

Lágrimas de amor

Lágrimas que yacen en mi corpiño
han sido derramadas como flores
de nostalgias ausentes de cariño
que me hacen llorar con grandes ardores.

Así, es mi noche triste, tan callada
de dolor hondo, llena de tristeza,
y, yo te busco en mi blanca almohada
y solo me encuentro con mi pobreza.

Y se despertaba toda mi piel
por unas marejadas ardorosas,
al deshacerme toda en sus ojazos,

con encantadores besos de miel.
Y… yo lo abrazaba muy amorosa,
llorando por amor entre sus brazos.

Lengua brava

Es como el mar agitando sus puertas
cuando se entrecruzan nuestras miradas,
como si nuestro amor lanzara flechas
cuando se me acerca tu lengua brava.

Es como el renacer del cruel preludio
que se me va impregnando con su esencia,
como el fuerte pálpito del delirio
cuando me besas con esa demencia.

Y ella va desatando mis pasiones
entre los jazmines y rojos lirios,
que me cubren el alma con canciones
alegrando amaneceres sombríos.

Va desnudando poco a poco mi alma
sin viejas contiendas y sin excusas,
así me subyuga tu lengua brava
en la cama con maestría, me usa.

Va sometiendo todos mis anhelos
arrojando luces a las estrellas,
como los aires de estruendosos ecos
cuando tu lengua brava me encarcela.

Grito en la noche

¡Oh cuan ceñido es el fluir del amor!
Es el que brota con dolor del alma,
gran alocada pasión del candor
desesperado es ya, cuando no te aman.

Es tarde y la luna con su gemir
pero su gran pesar en la mirada,
denota una ventisca en su sentir
y se miran derramadas mis lágrimas.

Hoy, no vuelan las mariposas blancas
en el sagrado jardín de mis sueños,
las flores sucumben enamoradas
y se afligen al no sentirse amadas

Es que el amor voló, allá al horizonte
se esfumó como volátil esencia.
Hoy, se va difuminando el presente
en un fiero mar por toda inclemencia.

Hay un eco mudo en la oscura noche
muy absorto del dolor que la quema,
por un adiós módico y rebajado,
surrealista y algo subjetivo
que va gritando a cada paso. Te amo.

Llueven tristezas

Me están lloviendo mucho las tristezas
se van impregnando con dolor en mi alma,
como congelado invierno que llega
y destroza con golpes mi morada.

Son tristezas que adormecen mi mundo
con fiero matiz lleno de aflicción,
con sentimientos muy crueles e inmundos
que romperán pronto mi corazón.

Ay, ay, que tristeza tan insinuante
intuitiva abriendo sus grandes alas,
perversa y loca de besos punzantes
se apodera de mi alma enamorada.

Ay, ay, que besos, mil veces malditos
hoy extraño el embrujo de sus ojos,
y esos besos que calcinan mis labios
con fuego intenso que rompen cerrojos.

Vete tristeza, de sueños perdidos
de memorias y engaños de un amor,
tristezas que piden con altos gritos
ser liberadas de su cruel prisión.

Mariposas doradas

Hoy, todas mis mariposas doradas
no han venido a prenderse en mis labios
con deliciosas mieles de cupido,
han volado angustiadas a otros atrios.

Las han mirado triste en su peregrinar
Y es que no saben a dónde volar,
vuelan desesperadas a otros nidos
buscando fragancias de unos besos
que se disiparon en un suspiro.

Se alzan en un puro tormento
porque decir adiós es un cruel castigo,
el amor hiere el color de sus alas
como una mortal daga envenenada
destrozando sus corazones y almas.

Pobres, pobres mariposas doradas
que revolotean tan despistadas.
Tristes van en su vuelo por dolor
revolotean y lloran asustadas
ellas saben que el frío invierno,
quebrará de penas sus mustias alas.
¡Ay, pobres maripositas doradas!
Tan lindas y doradas, pero asustadas.

Pluma mía

¡Ay mi pluma dorada
que, entre sollozos,
pareces apagada
por años mozos!

¡Pluma sufrida y mía!
deslízate hoy,
que no calle mi vida,
yo nada soy.

¡Ay mi pluma encantada!
Paz para mi alma,
eres dulce tonada
canto de calma.

¡Pluma, pluma tan mía!
No te alejes,
cuando yo delinquía
yo te busqué.

Tinta ruidosa y perdida
en la obsesión de los universos.
Tinta llena de congojas
por el cantar del alma.

La luna

Camina con toda majestad suprema,
pasea, brilla, brilla como un gran faro,
que va enamorando la noche, que quema
feliz, como abrasando con gran descaro.

Con deseos, en el silencio nocturno,
infinitos sueños de misterios se alzan
en la noche tibia de amores de turno,
por los delirios y locuras se ensalzan.

Ella es faro en las ensombrecidas noches
cuando hay ausencia salvaje de los besos,
va titilando en el cielo, como broche
iluminando a los moribundos presos.

Presos, de un desgraciado amor en tinieblas
que se inquietan cubiertos de la amargura,
por traviesos y falsos besos de nieblas
que calientan el lecho, con gran premura.

Así la luna, esfinge eterna, una diosa,
doncella de la noche, dama de sueños,
Astro que enamora la razón, mimosa
nos ilumina con locura de ensueños.

Horrible

Horrible es la ingrata pena y nostalgia
cuando se adhiere fuertemente al pecho,
veneno que corroe la alegría,
en el alma cuando duele el despecho.

Es horrible acariciando el olvido
cuando se vive por la cruel ausencia,
que se convierte en espina y bramido
mutilando sin ninguna clemencia.

Es horrible como la herida abierta
del fuego que sucumbe por el frío,
marchita el alma, dejándola muerta
por la luz apagada de amoríos.

Horrible los dolores cuando menguan
el placer que se destila en mi lecho,
por las falsas pasiones que se fraguan
de la solitaria noche sin hechos.

Versos de miel

Versos de miel extendida
que destilan por doquier,
son como potros sin bridas
desbocados por placer.

Ellos van enamorando
como los polvos de estrellas,
besan y van provocando
como noche dejando huellas.

Condenados ellos gritan
por juicios que los liberen,
y estos versos que se agitan
porque muy pronto se mueren.

Así, por miel son los versos
como una noche de luna,
que aviva los universos
y su dulzor es fortuna.

Fuego de una rosa

Es fuego que desea liberarse
de la sutil garra del erotismo
saturando los más negros instintos
por ardores que anhelan levantarse.

Es el fuego de un alma muy activa
excesos consumidos en aromas,
locos desvaríos por una rosa
amante por secretos que cautiva.

Son juegos desbordantes de lascivias
que enardecen las llamas muy furiosas,
por la sed seducida por caricias.

Deseos de presencias temerosas
que recorren los cuerpos con delicias,
por la intensidad de un alma asombrosa.

Placer a la muerte

Delirios que se manifiestan con anhelos
deslumbrantes por la belleza prodigiosa
de un amor que es una condena silenciosa
que atropella hondo, duro, sin ningún consuelo.

Mi alma bebe de él un sorbo cada mañana
busca de su miel como la abeja a la flor,
besa su rostro que lo condena al amor
y los pecados en penumbras que de él mana.

y ya no sé si tolero todo este hedor
con el feroz zarandeo de olor a muerte,
por las delicias de este castigo que daña.

Soy la pecadora impulsiva que se ensaña
a la angustia que regala el gozo tan fuerte,
que adoro el suave veneno de mi traidor.

Alma herida

Herida deambula una triste alma
carga culpas y penas,
se pierde en los océanos sin calma
consumida en condenas.

Va desgarrada en la espesa neblina
se amansa por la furia,
asida por el éxtasis de vida
destruida por lujuria.

Sufre por nostalgia de una mirada,
ansiosa está por verle,
por eso abraza el sol de su alborada
con un olor a muerte.

Y es la inmensa soledad que la emerge
al dolor con bravura,
como lluvia en campiña cuando llueve
creciendo la locura.

Es alma deprimida y turbulenta
que se abate en el fuego,
con ritos de ilusiones ella entrega
la hiel que rompe sus huesos.

Heridas como lamentos de vientos
que se abraza a los besos,
llenas de ausencias y pocos alientos
purifican mis versos.

A la deriva este día
(a la masacre en Orlando, Florida)

Gélida está la brisa, hay oscuro velo
hay ríos de lloros por los que hoy no están,
marcados en el dolor, vidas hambrientas,
truenos, relámpagos, hieren hoy, el cielo.

Ciegos todos, con pólvoras en los ojos
crece la desesperación en cadena,
la perversidad y crueldad envenena
feneciendo cuerpos cubiertos de abrojos.

Lamentos que vibran entre los corales
por los clamores de almas, que desfallecen,
por odios que toman vidas y perecen,
con aterrador bramido por rituales.

Abajo falsos amores celestiales,
que se adhieren en la ausencia del amor,
es mugre que hiere y pudre con gran dolor,
a los seres frágiles como cristales.

Brama el corazón

Este corazón que brama
y espera el amanecer,
es fiero fuego que aclama
amor que no ha de volver.

Es locura apasionada
vivificando ternura,
es la luna en mi almohada
en la noche de locura.

Es susurro de amargura
que estruja lirios de miel,
y eleva las ataduras
para que no piense el ser.

Es brisa de piel con piel
transformando el goce eterno,
osadías de pura hiel
cuando nos besa el infierno.

Secretos del mar

Azul encrespado mar
opulento imperio azul,
olas vienen a danzar
como gran manto de tul.

Mar que acaricia sentidos
con el fluir de los infiernos,
va trasmitiendo latidos
con sus gélidos inviernos.

Mar de vientos prohibidos
por dulces ocasos tiernos.
Mar de exuberantes ruidos,

que vienes tu a ofrecernos,
pensamientos escondidos,
con cantos para vencernos.

Tinta de fiero interno
y besos de miel.
Tinta como la hoguera
que abrasa muy lento.

Madre

Sol de vida,
mis honores a ti.
Mujer bravía,
mi horizonte de luz.
Mujer de lucha interminable,
amor inagotable.
Mujer que llora,
canta, ríe y trabaja,
jamás dejaste de ser hermosa.

Madre…
¡Eres poderosa!
Alejadora de tristezas.
Llenas de alegrías,
mi alma austera.
Te creces, cada día
en lo más profundo de tu ser,
para dar a tus hijos de comer.

Posees la grandeza consagrada
en lo profundo de tu ser.
Eres el mejor ejemplo,
que Dios me regaló
levantas tu rostro sin rubor.
Eres amiga y hermana,
llena principios y honradez,
firme y noble
Hoy, levanta tu cabeza…
Y recibe tu corona de reina.

Duele el amor

¿Por qué duele el amor?
Es pena que no tiene voluntad.
Es funesto dolor,
robando libertad.
Así es el amor, una tempestad.

Es un daño gozoso,
que lo disfruta quien es mal amante.
Es ruin y peligroso,
es traidor y aberrante,
disfrutando su maldad delirante.

Nos parte a la mitad
el corazón, con un dulce señuelo,
devasta con frialdad
con odio, sin consuelo,
dejándonos morir en el subsuelo.

Amor frágil que mata
duele con demasía y gran quebranto.
Idilio que desata
el daño con el llanto.
¡Bendito debe ser el que ama tanto!

Especulando

Nadie en el mundo sabe tanto de amores,
como yo, una aventurera de las nubes,
yo   me empapo del rocío y los favores
y navego entre los deseos y clubes.

Mi amor es ciego, con los ojos cerrados,
gozo lo prohibido del paraíso,
lo que es sublime, no vilmente pagado,
amor de verdad, no un simple amor sumiso.

Y amo con la locura, hasta que me duela
así se alegra y llena mi corazón,
a mi alma aturdida, por todas las penas
cuando se va enamorando del amor.

Así se funden mis versos en el aire
que como el eco va rozando mi piel
y yo que me muero por esos abrazos,
los únicos, que me hacen sentir mujer.

Sumérgete en mí

Vas sumergiéndote en mi
y te embarcas en mis aguas,
es el fuego que hay en ti
que me baja las enaguas.

Hay pasión en cada beso
que conjuga cada noche,
un deseo que es travieso
y me prende como broche.

Me condena sin piedad
para que abra mis dos alas,
y vuele a la eternidad
con dulzuras que regalas.

Y un beso como la miel
de tu boca hacia mi boca,
es fuente del placer fiel
que me deleita y disloca.

Ven, sumérgete otra vez
con mieles del buen querer.
Ven, navega como pez
que ríos van a correr.

Grito terco

Un grito siempre terco el egoísmo
que mis ojos cansados abrazaron,
con las penas que por dolor mancharon
un amor frío como un espejismo.

Era como recibir bofetadas
en la noche por un rugir violento,
dejándome seca sin movimiento
con los deseos del alma cansada.

Era grito por la guerra soñada
con miserias inquietud del momento
fenecido en una noche callada.

Más no me ha matado el grito que enfrento
porque es débil y no estoy amargada,
por su juego tan maligno y sangriento.

Danza la luna

Danza extraña la luna
con una candidez llena de magia,
se mira en la laguna
feliz, por la belleza que contagia.
Con su brillo de plata
desfila en la noche oscura de gala.

Presume su hermosura
juguetona con las estrellas danza,
modela su lindura.
En el alto cielo la luna avanza,
es cura en el amor
la dulce luna con su resplandor.

La luna y su destino
inspira a navegantes con su esencia,
porque es algo divino
para todo hombre y su larga experiencia
es manantial de vida,
que regala la noche seducida.

Tinta para mis versos

Tinta para mis versos.
¿Adónde podré yo hallar un tintero?
En lugares diversos
buscaré con esmero,
con escritura firme como acero.

Deslizaré la pluma
en el papel, miraré sus entrañas,
escribiré la bruma
oscura que la baña,
con el plumín y sus largas pestañas.

Con tinta de fragancias,
con olor a jazmín de la pradera
sublime a la distancia,
con seducción certera.
¡Ay, pluma mía! Sutil hechicera.

Caligrafía viva.
Tinta y pluma, placer de los poetas,
es canto que cautiva,
es amor con silueta,
que con suave pergamino se aprieta.

Con tinta y el papiro
dejaré danzar mi pluma atrevida,
con un leve suspiro
toda su alma escondida,
saldrá a la luz en cada letra de huida.

Cavilando en el manantial

Un vergel con abundantes rosas,
el trinar de las aves.
La primavera de tu amor a punto de florecer
y por siempre, el amor…
Un saludo del manantial y un olor azucenas
así mana de entre aguas los versos,
con eternas caricias por los juegos de amor.
Allí nacen los mares,
dónde el aire es el perfume de tus labios
abrazando mis instintos de mujer,
y se van refugiando tus manos
en tu escondite preferido.

 Allí, pienso, busco y rebusco
los sitios donde nos besamos,
y ese color a cielo,
que nos va desnudando poco a poco,
con los colores de un arcoíris.
Y…. De nuevo, yo en ti y tú en mí,
con esos dedos que se enredan en mi pelo
y ese mástil bravo tan anhelado por mi cuerpo.
De pronto… Esa boca,
como el sol del mediodía,
apasionada por mi delicada rosa
que va susurrándome al oído …
Te quiero, ensalzando con su rocío mi alma,
bordando mi vida con sueños,
tan mágicos cómo los recuerdos.

Ojos color esmeraldas

Tenía los ojos color esmeralda
una mirada que hacía el amor,
como una enredadera de guirnaldas.

Eran unos ojos todo primor
con rico sabor a fruta madura,
y tonos brillantes dados por sol.

Aferrados al amor con locura
como el musgo se adhiere a una roca,
cuál grandioso mar lleno de bravura.

Era dulce primavera que disloca
con sonrisa que seduce el corazón
rebosando con besos toda boca.

Son ojos que hacen perder la razón
pero sanadores como azucenas,
delicias que desbordan de pasión.

Bellos ojos con los que mi alma sueña
recuerdan mis angustiosos momentos,
por los que en la noche me causa pena.

Tinta de lágrimas vestida de luna,
que abrasa el dolor,
con los deseos escondidos del corazón.

Un beso escondido

En las sombras desnudas
un beso se viste con unos labios,
tan escondido dudo,
que llene de resabios,
a quien atrapa a ese beso sabio.

Aunque nadie lo nombra
oculto él apacigua su tormenta,
con deseos que asombra
por un sabor a menta
que destila de la boca sedienta.

Un beso esta al abrigo
de la pasión de una sabrosa boca,
lo que es un gran castigo,
por lo que ella provoca
un gran beso oculto, que se sofoca.

Eres mi locura

Como gotas jóvenes de rocío
que lloran en la noche su muerte,
así gime mi alma amor mío
por lo ansiosa que vive por verte.

Y… Es que tu cuerpo dulce primavera
es delicia que lleva a la locura,
por tu cintura cascabelera
que me lleva aclamar tu ternura.

Yo, siento tus besos como fiero viento
que va esculpiendo mi piel como roca,
salvajes labios amantes y hambrientos
por los deseos del placer que sofoca.

Eres locura de pasión mi amado
donde descansa mi alma adolorida,
el dulce lecho para mi añorado
por cada día de mis días y por vida.

Nos enamora la vida

La vida nos enamora con cantos
cuando llega la mañana, el sol nace,
me visto con el plumaje de tantos
pájaros que al norte vuelan y danzo,
con cantos al son de los de Oriente
y con ritmo voy moviendo mi vientre.

Cada día seducen con el vuelo
miles de gaviotas en la playa,
con listones negros como pañuelos,
tan ansiosas yo no sé, a donde van,
solo sé, que son un canto de amor
porque en su pico llevan una flor.

Y cuándo se acerca la noche helada
van a querer regresar a la playa,
con sus ilusiones coloreadas
por el amanecer que no desmaya.
Y al otro día de nuevo al sol
buscando secretos del caracol.

Ven mar

Ven mar a mojarme toda
ven a rozar la pelvis de mis pies.
Sumérgeme con tus ondas
por donde voy caminando.
Ven mar, que el mundo se desploma
ven a besar con tu hermosura
el canto apagado que no se canta ya.
Despierta con tu balbuceo
la lucha estéril de mis pies.
Ven, bienvenidas sean tus olas
con sus proféticas espuma
y tu secreto insondable
al volcarse contra mí.

Ven, ola…
Ven con tu vestido blanco
que adorna la playa.
Ven, ola, no te vayas.
¡No retrocedas!
Ven a desaguarme con tu belleza
lo que nadie puede ver.
Ven, mar… Ven, ola… Ven, ya.

El amor es el infierno

El amor, aunque es dolor para mi alma
es puerta al mundo de las ilusiones,
sombra que destruye mis emociones
triste horror en que perdemos la calma.

El amor es Dios mostrando el infierno
es la putrefacción de almas sufridas,
donde la peste encuentra su guarida
por los cuerpos que gimen en lo interno.

Allí se arrastra la cruz, es eterno,
y es demolida toda la conciencia,
allí se pudre, se muere lo externo.

 Más, sin amor se pierde la existencia
porque él nos resucitó a lo supremo,
a disfrutar el gozo con la paciencia.

Amor del cielo

Cielo azul, tú que cultivas las nubes
oscuras y como algodón tan blancas,
las hinchas de bendiciones, las hundes
con tu gran e infinito amor las calas.

Cielo, diles a ellas que se apresuren
que vengan a calmar mi sed que agota,
hoy abanica con tu manto y que hurguen
esta tierra tan fértil, para tu honra.

Que grite con dolor el nuevo rostro
y broten los claveles y otras flores,
por la madre que regala la vida.

Abiertos ya los cielos, ahora oren,
porque como el gran amor no existe otro,
solo Él da aliento, a un alma sufrida.

El lloro de Lucifer

Peleaba el malevo Lucifer
con alevosía en el fuego eterno,
con los demonios que tienen un cuerno
porque le encontraran a su mujer.

El desdichado no sabía qué hacer
porque su diabla le había traicionado,
y él estaba mustio y enamorado
por las perversidades de su ser.

Vociferaba y se quejaba triste
porque el amor le transformaba su alma,
y ese sentimiento lo hacía pedazos.

Es que si algún corazón heriste
no debes perder la maldita calma,
por ser colgado con tu propio lazo.

Día de siega

Nace el sol en el horizonte
y sus destellos de luz
besan las espigas doradas.
Ellas muy ansiosas
se mecen como las olas
con un dulce compás.
Cuerpos sudorosos y ásperos
van visitando los surcos,
entonando con su voz,
una bendita melodía
que hace vibrar las espigas.
Así, el sol besa la tierra
y vivifica su amor por ella…
El labrador corta los pequeños
manojos dorados de vidas,
mientras gruesas gotas de sudor
caen y van preñando la tierra.

Sinfonía matutina

Escucho el gemir de los páramos
y una fragancia sutil del ego,
me eleva hacia ti.
Es la melodía de los sentimientos
que se desliza aguda,
y nos invita a renacer.
Es el placer divino
del más apreciado de los tesoros.
Y un canto…
Dulce… Goloso… A punto de miel,
hace palpitar mi cerviz de niña
empapada en deseos
por el gozo eterno del amor.
Y… esta sinfonía matutina
hace estruendos a la luz del día
con la llegada triunfal
de lluvia colosal.

Tinta llena de alegrías
con pesares y delirios
Tinta eres toda, toda mía.
¡Eres mi grito!

Estoy renunciando a tu amor

Renunciando a tus besos
y a evocar una dulce caricia,
y sentir los excesos
de tus suaves labios de puras delicias.
Y también renuncio a tus ojos,
mi dulce dolor de antojos.

Renuncio también a tu risa
blancura fresca llena de dulzura
dócil como la brisa
que corona de espinos mi locura.
Renuncio por estar viva
desvalida entre tus brazos cautiva.

Y renuncio a tu amor
infierno de cenizas decadentes,
amalgama de dolor
de pámpanos y mieles indecentes.
Porque eres ese fuego con fuego
que castiga con las marejadas de tu juego.

Rosas rojas

Rosas rojas como la sangre
van rasguñando sus espinas,
son mandrágoras que van
enredándose como telaraña
con desamores y poesías.

Ante un adiós que sé hace eterno
y marchitan sus recuerdos.
Es la sublimidad de los sueños
que va destruyendo el sabor del amor,
y las espinas con sus lágrimas
van besando las rosas,
pero ellas con su dolor
desgarran las espinas.

Rosas muy marchitas
todavía son hermosas
como palomas libres
volaban de cara al sol
pero quieren morir hoy.

Delicadas rosas en oración
con besos de océanos y pasión,
sus pétalos caídos muy rojos
siembran con su clamor
en el infinito jardín del dolor.

El naranjo

Abril hace presencia
y el naranjo se viste con honores,
sus ramas con paciencia
se desbordan de flores
divinas, saturan con sus olores.

Las ramas con albura
rozan en el suelo del patio viejo.
Las aves con ternura,
van libando el añejo
de sus azahares con gran festejo.

Naranjas muy jugosas
se mecen alocadas por el viento,
doradas y sabrosas
dan vueltas con talento,
pero algunas se caen al intento.

Llegó abril

El viento besa las rosas
y cupido dispara flechas.
Todo en el jardín se quiebra
de amores unas por otras.

Frágiles por el amor
se perfuman sus heridas
y una juguetona brisa
las conmociona hacia el sol.

Esencias del horizonte
se mezclan con el viento,
anunciando la primavera
las bellas rosas con su polen.

Llegó abril y se anidan sueños,
el frío va de regreso,
las nubes caen en silencio
y todo reluce al momento.

Angustia

Mi angustia es dolor con pena
con unos deseos crueles,
muy villanos, algo infieles
por una magia que condena.

Son lágrimas asustadas
por dolor de la impotencia,
sufrimiento sin clemencia
grito del alma estrellada.

Angustia que es arrastrada
y transita lunas de horror
en el cielo del dolor,
allí triste vive atada.

Pero ya estoy muy cansada
del arrullo de mi angustia,
ya mi alma en pena esta mustia
porque vive siempre anclada.

Ovillo

La luna es un gran ovillo
con flamante llamarada,
pintada de anaranjada
fuerte, redonda, un anillo.

Astro bermellón que embruja
como luz de las hogueras,
brillante es en primavera
luna de espejo de brujas.

Rodante ovillo es la luna
preludio de amor soy tuya,
dejaré que tu luz fluya
en la noche inoportuna.

Aureola que provocas
figura con filigranas,
paloma blanca con ganas
de volar hacia la roca.

Miedos

Es pánico lo que mi corazón augura
sepulcro venoso para el alma,
una álgida y loca luna sin alma
por las tristezas de la noche oscura.

Es temor abrazando mi alborada
exhalando suspiros sin sabor,
soledad que agita con mi dolor
por la desdicha perenne burlada.

Es el pánico viviendo en la piel
y habita desde los pies a cabeza,
el me aprisiona, me roba, no cesa
porque es la trampa de un engendro infiel.

Es penumbra invisible enmascarada
que ejecuta de hastío con cautela,
rasga mi corazón y lo desvela
mutilando mi alma para ser atada.

Mares de desechos

Soy poeta con alma desechada
aferrada a los mares encendidos,
agónica bestia desesperada
por la sangre que corre al latido.

Soy poeta con las dos manos rotas
por rimas vedadas al sentimiento,
soy instrumento fallido sin notas
por amar eternizando un aliento.

Soy la poeta de grandes lamentos
mar enfurecido por el ocaso,
jugando con los versos en el viento
que crecen en la inquietud a su paso.

Con la voz que santifica mi pecho
voy acariciando de amor lugares,
arrancando poco a poco los desechos
que germinan de mi alma como mares.

Mi pluma

Pluma belleza criatura
deslizándose entre versos,
va cantado al universo
rasgando va su escritura.

Es como río travieso
juguetona en su aventura,
poética que satura
remanso de paz y besos.

Pluma con fe en el ocaso
su vuelo aborda al segundo,
rayo de sol para el mundo
y galanteo a su paso.

Pluma desnuda de olvidos
líricos versos de ensueños,
van regalando los sueños
escritos por los quejidos

Tinta distraída con arenas de mi mar,
tu besas las ansias de mi alma
con tu sabor a sal.

Alardes del viento

Caminando en el frío
cabalga feroz el viento en mi espalda,
es un sentir sombrío.
Amar es todo lío
destruye sueños, enfría y escalda.

¡Hoy, no estás conmigo!
El viento es cruel y fiero, con su alarde.
Ya no tienes abrigo
por eso te fatigo.
Muy cruel susurra a mi oído… ¡Cobarde!

¡Mi hombre, no me ama!
Elevo miles plegarias al cielo,
mi corazón reclama
un nuevo panorama,
al Dios que regala todo el consuelo.

Con mis brazos desnudos
recibo la gracia no merecida,
y se desatan nudos
enredados y mudos
que con dolor demoran mi caída.

Mi canto

Mi canto tiene sus alas dañada
es una herida abierta en cataclismo,
por la lluvia sideral del lirismo
que ata la locura a mi alma callada.

Es canto con un pálpito inaudito
con recodos de un verbo germinado,
es la emoción en voz del aclamado
por el deseo lisiado del grito.

Brota en la noche mi canto bendito
por la fe que en él vive y ambiciona,
es amor justo que sufre y perdona
desbordando cada espacio maldito.

Empapado de la gracia es mi canto
como tibia luz que ama la alegría,
es canto que clama la epifanía
del terror que sufro por mi quebranto.

Allá en el horizonte

En el horizonte viejo
donde se duerme la luna,
el sol sale y desayuna
con alegría y festejo.

Allá, donde nada importa
donde va naciendo el fuego,
y se muere el desosiego
la belleza nos exhorta.

Amar la naturaleza
como un eterno verano,
y a tomarnos de la manos
llenándonos de nobleza.

Allá, el sol abraza lento
para acabar con la prisa,
y contagiarnos de risa
en este mundo violento.

He vuelto a ti mar

Apasionada he vuelto al inmenso mar
dónde soy viento, sal, espuma y arena,
aquí voy olvidando todas mis penas
todo lo que duele y no me deja amar.

Aquí en mis aguas azules y marinas
florecen mis ojos como primaveras,
dejo caer en este mar rosas frescas
y libero todo los vacíos de mi alma.

Observo en el horizonte las fragancias
de los corales, algas y húmedas rocas,
aquí puedo ser un volcán o gaviota
porque vuela mi mente llena de poesía .

¡Oh mar! Devuélveme todas las sonrisas
acaba con todas mis eternidades,
yo tan segura de nunca enamorarme
 y ahora soy presa de este mar de vida.

Buscando fe

Gélido como el mármol es mi duelo
duro el epitafio de mi verdad,
es fosa oscura la de mi maldad
de las infaustas sombras sin consuelo.

Por eso ofrendo cánticos al cielo
buscando paz para la eternidad,
imploro por huir de la oscuridad
que me zurra hasta caer en el suelo.

Pero solo Dios con su amor querido
perdonará a mi ser con el olvido,
por las lágrimas que yo he derramado.

Hoy mi memoria alimenta mi fe
ella, es un descanso para mi ser,
por las ofensas que vienen sangrando.

Alma

Mi alma en la noche galopa
va buscando por el aire,
como espectro va en la sombra
derramando toda   sangre.

Ella siente tu presencia
 y va quedando cautiva,
eres como una caricia
que le devuelves su vida.

quiere besar tu mirada
y armarte con sus suspiros,
 desea ser tan amada
está llena de caprichos.

Tiembla y se sofoca mi alma
desatando sus deseos,
busca angustiosa en su cama
el recuerdo de tus besos.

El almendro

Con túnica de pétalos,
rosa y blanco
se viste el almendro en flor.
En sus ramas...
van retozando los pájaros,
y él cómplice con ellos,
se alza con nobleza en el patio.

Su belleza a todos impone
con esa amalgama de flores bicolor.
Ricas almendras son sus frutos
y un peculiar sabor
que a todos encanta.

Las hojas conmocionadas
se mecen en las ramas y caen...
Mientras va soplando el viento
una suave brisa, da señales ...
De un renacimiento...
¡Ha despertado la primavera!

Tinta para mi libro

Tinta que se desliza vaporosa
como la lluvia en la huerta,
tinta jugando en el jardín de rosas
que cae gota a gota.

Tinta como tallos muy enervados
con caricias de olvidos.
Tinta que va mojando los tejados
con suaves quejidos.

Letras que se agrupan como las aguas
con toques de color,
por oraciones recapituladas
con unidad de amor.

Así se escribe poco a poco el libro
con la tinta de vida,
compuesto como un majestuoso trino
y rima florecida.

Llega el amor

Me observa el amor con mucha inocencia
camina despacio, ágil y desnudo,
llega destruyendo todos los muros
que levantaron todas sus ausencias.
Es muy suave con un gran cosquilleo
es soberbio llenándome de sueños,
como océanos azules de ensueños
en una noche clara de deseos.

Él cautiva mi alma con sus idilios
porque va llenando toda mi red,
Le grito; ¡Ven amor! Calma mi sed.
Mátame de amor, muérete conmigo.
Deliciosa es, esencia de mis besos
en esta noche sé tú mi corcel,
porque yo estoy cansada de correr.

Ha llegado el amor como diluvios.
Sueños
En las nubes he encontrado
mares de cielos que ahogan,
mi amor que vive sonando
de ávidos besos que drogan.

Sueños de versos urgentes
por lo letal de tu boca,
férvidos besos que llueven
por deseos que provocan.

Mi pecho late vacío
por culpa de tu huida ingrata,
lúgubre por su destino
arrastrando olvidos que atan.

Y de esas nubes tiznadas
 tu voz pálida de luz,
desvanece mi alma burlada
cargando en pecho una cruz.

Morena

Soy morena muy ardiente
como canela o licor,
frágil, soy la bella flor
con pétalos y una mente.
Aunque no soy competente
en cosas de Juan Tenorio,
ya que doy tremendo lío.
Yo me afano con urgencia
a ese, el amor sin esencia,
porque su fin es notorio.

Te digo adiós

Te digo adiós entre penas
aunque yo vea alboradas,
que renacen sin dilemas
entre letras desveladas.

Adiós, confío en el tiempo
que tu aliento ame mi ser,
lloro al embrujo de versos
donde vuelvo a recaer.

Te digo adiós y como hembra
busco versos sin excusas,
de artimañas en mi siembra
con agallas inconclusa.

Adiós, roto corazón
mi alma llena de locura,
mi vida está sin razón
soy noche mustia sin luna.

Pena maldita pena

¡Oh! Pena maldita pena
que disfrutas el dolor,
deja de ser egoísta
da libertad al amor.

Deja en paz mi corazón
devuélvele toda vida,
que florezca la ilusión
y que sane ya su herida.

¡Oh! Pena, pena maldita
aleja la soledad,
hoy sufre mi alma, ella grita
deja que pueda soñar.

¡Maldita pena, maldita!
con vestido de traición,
pena que me incapacita
para vivir el amor.

Mar mío

Mar bendito eres, mar mío
me acosas con grandes olas,
prepotente eres a esta hora
calmando ansias, mar bravío.

Transparente eres, rocío
infalible, eres bravura,
acaricias mi figura
de esencias, eres tan mío.

Mar, renacer del poeta
crepúsculo peregrino,
me bebes como el buen vino
y besas mi alma secreta.

Pasión de melancolías
desgranas todos mis miedos,
de telarañas de sueños
que oprimen mis alegrías.

Mar, grande son tus dialectos
me renuevas con tus cantos,
contigo mueren quebrantos
que reinaban como credos.

Señales

La vida va dejando señales a su paso
coloras, llenas de espasmos al anochecer,
como una gran sonrisa manchada a nuestro ser
dormida en la oscuridad del alma en el ocaso.

Señales con huellas, como la tinta imborrable
del árbol viejo del patio, que   perdió sus hojas,
y las lágrimas ensangrentadas que se forman
en el tronco que pierde sus frutos honorables.

Señales en la noche, en la fuga de una estrella
que se transporta tan firme, directo al abismo,
con deseo duradero infalible y activo
por la libertad que anhela conseguir por ella.

Cada mañana el destino, o es Dios o los dos
se renueva cada vida y hay nuevas sonrisas
hay besos dulces y ahogados en las caricias
por las señales de vida cuando sale el sol.

Amor

Dulce verdad de mis sueños
que perfumas mi jardín,
amor que no tiene frenos
con sus besos de carmín.

Amor con tu aire respiro,
bellezas en todo encierras,
le das descanso y suspiro
a mis deseos de guerras.

El amor es el camino
que embellece con armonía,
la inocencia del destino.

Y con toque de alegría
se viste de lo divino,
porque el amor, es poesía.

Frente al amar

Ha llegado la primavera
tan rápida como el viento
y la soledad se viste de amapola
para el baile de sus sueños.

Sentada frente al mar azul como cristal,
pienso…
En este exorbitante mar
que olía a rosas
y ya no lleva impregnado tu rostro.

Se han difuminado sus esencias,
miro y ya no estas en esa ola
que se acercaba discreta
a mojarme toda.

El mar sosegado me mira
siento que mis pensamientos
son como una gota más en ese mar.

El mar apático a mi dolor
se funde con el silencio
y dentro de mí,
se desnuda mi alma,
como un lloro,
del fuego reprimido.

Lloro de la tarde

La tarde llora, es diluvio esposado
y subyuga a todos con agonía,
las horas radiantes han acabado
y ha perdido el candor que refulgía.

Llora todo la tierra con clamor
rayos y centellas están cayendo hoy,
llora el cielo, siente mucho dolor
y un viento iracundo es como ciclón.

Llora el día, es una horrible tragedia
los árboles derrumban la alameda,
ramas caídas mojadas deliran
porque el torbellino las atropella.

Van corriendo todos a su refugio
suben a las ramas o al altillo,
y unos polluelos que buscan arrullo
corren y corren muy asustadillos.

y de pronto el sol fecunda la tarde
ya no hay lloro todo está muy brillante
rayos dorados hay por todas partes,
música y alegría es abundante.

Rosas seductoras

Las fragancias de rosas besan mi cuerpo
ha llegado la primavera y los sueños
migran ataviados de amor con el viento,
ya que pernoctaban en su largo invierno.

Bellas rosas adornan la habitación
seducidas por finos rayos del sol,
penetran por la ventana con amor
acariciando cada uno de sus pétalos.

Cupido ha llegado agitando silencios
y las rosas se quebrantan como cristal
con un erótico baile sin final,
porque ha llegado la primavera de los sueños
y van avivando los sentimientos.

Se perfuman cada una de las heridas
con la esencia que entra por la ventana,
resplandecen sus talles de odaliscas
danzando al ritmo de la fresca brisa.

Soy

Soy libre cómo un alma salvaje
buscando por doquier donde beber,
indómita, bravía, emprendo viaje
por todos los laberintos del ser.

Soy un río seco y soy manantial
el agua fresca que devora y fluye,
por la garganta y no tiene final
el beso hurtado que corre y huye.

También puedo ser la mujer bestial
con rabo y dos tarros en la cabeza,
y algunas ínfulas de grandeza.

Lo cierto es que, también soy un cristal
de sensible carácter y alma genial,
con un corazón lleno de nobleza.

La fantasía

Desperté con sudores y con duelo
por un sueño pícaro de favores,
bella fantasía vestida de honores
que nació de un amor de caramelo.

Era una locura, una gloria del cielo
desnuda caminaba muy complaciente,
por toda la calle me observaba la gente
mi alma estaba feliz y con anhelos.

En el sueño creía estar en el cielo
y un sentir triste provocaba mi llanto,
porque mi alma pura tiene miedo tanto
desea ser libre y tener consuelo.

¡Oh, la fantasía, dolor, triste duelo!
Dejadla tranquila, no ser tan demente,
es muy engañosa, no dejar que tiente
y hay mil soluciones para emprender vuelo.

No queda nada

No quedan soles para mis días de amor,
ya no quedan lunas para apagar mi dolor,
porque la vida se me echa encima
sin darme una explicación.

El tiempo quema mis horas atravesando mis mares
y para qué mirar atrás si el camino no deja huellas
ni semillas del tiempo que ya ha pasado.
Y me vuelvo como niña algo torpe,
tan llena de miedo, subida a lomos del tiempo,
que me enreda entre sus manos,
y que me ata al cuerpo lo pasado.
Y no existen los que por mi piel desfilaron,
se han ido tan lejos, sin volver a recordarlos,
por cada cumpleaños cuando apagaba mis males
con fuego de mil colores.

Pero la fe me lleva triste
al reencuentro de las estaciones,
para poder renacer, aunque muera ilusiones,
y la muerte va de mi mano
con la vejez haciendo surcos sobre mis mares.
Qué más da, si me quisieron o no,
porque ahora todo se volvió mi recuerdo.

Me confundí de piel

Cuando mojada, se fue escurriendo
tu agua por la sed
de mi memoria tan helada.

Atravesando mis volcánicos huesos
la carne temblaba, pero no eras tu
el que me paralizaba,
ni tu boca,
ni tus dedos en celo
corriendo por mi espalda.

Sedienta como estaba
me confundí de luz
en la mirada y te deje penetrar
una caricia enredada, un gemido
de tormenta agrietada
un suspiro de arena
convertido en barro, una turbia ola
que calmó mi espanto.

Me confundí de piel
deshojando fantasmas,
recurriendo al vació
que se me quedó en el alma,
queriendo huir de esa podrida cama,
donde solo el placer
fornico madrugadas.

Me confundí de piel
cuando quise
que de ella brotara
jazmines con alas,
aves perfumadas,
desafié todo un desierto
de propósitos muertos.

Me confundí de piel
de rojos veranos,
de otoños quebrados, de mi mueca
que se quedó en tu risa,
de la quietud del mundo
cuando no escucha.

Del irónico adiós
que me dejó desnuda,
empobrecida
en otros rostros
que me dejaron heridas.

Me confundí de piel
ahora soy un barco
a la deriva
donde el naufragio de tu voz
vive en mi todavía.

Primavera en el parque

Hoy, Dios me ha regalado un día más, me siento afortunada por poder ver la luz de la mañana, ver desde mi ventana esas gaviotas, que vuelan rozando tímidamente las altas copas de los árboles; aún despojados de sus hojas por el árido vuelo del invierno.

Hoy, ante la vida me quito el sombrero, desnudando mi alma entregada humildemente al universo, contando las horas de estos malos momentos, que desgranan el alma del sufrimiento, rompiendo el quebranto por el pulular de los sueños.

Hoy, mi corazón está sensible y escondido en el cajón del miedo, clamando a Dios y a los ángeles del cielo, rogándoles que quiten de un plumazo mis miedos; que se están mezclando sigilosamente en la pedanía del mudo silencio.

Hoy, el cielo luce su mejor traje, se han despejado las nubes, y el sol armonioso sale a saludarme. Se ha marchado el invierno cubierto de sangre de seres extraños perdidos en los sauces de los valles y hoy, ha despertado la primavera con ganas de nuevos aires.

Tus ojos

Como esa brasa viva,
que se adhiere al tronco en el fuego
así es tu mirada.
Es locura, rabia y violencia
lo que desprenden hoy.
Son una bestia, terca y combativa
que sirve de verdugo, y sentencia.
Tus ojos llenos de sueños
Es monstruo con un arpón
que se clava en el corazón .
Tormenta que no logra detenerte
ni en el más oscuro del océano
que destroza muy triste el alma del poeta.
Tu mirada es la misma muerte
abrazando al que tienes enfrente
con tu ley estricta, ancestral, severa.
¡Lanzad la lava, que el destino espera!

Mi luz

Voy recordando las cosas
que he resguardo del olvido,
todo cuanto ha sido amado,
y en su momento añorado
no se ha perdido.
Mi luz quedó atrapada
y no ha podido extinguiese
ni en el más oculto sueño
del pozo sumergido
entre deseos del ayer.
Mi luz se ha consumado
es deleitosa y enojosa
ama las sensaciones,
las sofoca y las incendia...
Todo cuanto acomete es libre en su marcha,
no se da por inútil, ni perdida
y en el fuego mi luz es glorificada,
dejando siempre huellas en piedra del pasado.

Ha caído la espina

Ha caído esa espina del pasado
y tomado la senda una mudanza
de calmada dulzura en la bonanza
que libera lo interno secuestrado.

Azarosos son los caminos que me han llevado
por la arteria de la hiel a lo absoluto.
Haciendo como si brotara un fruto
de certezas por este amor iluminado
que me ha liberado del fragor de la rencilla,
sumergiéndome en la más dulce maravilla
de luz que da crisol al sentimiento.

¡Corazón, dale respiro al amor!
Que los vientos esparzan la semilla
¡y su gracia se eleve al firmamento!

Alborada

Es temprano y la alborada
ya se empieza asomar
y un rayo de sol
como el verbo amar
 se desliza por mi rostro.

He contemplado
como la suave brisa
hace bailar los girasoles
de un lado a otro.
Oh, Dios y sus olores
abarca a todos con frenesí.

Todo se doblega en su presencia,
las flores candorosas
van hidratando la tierra fértil
con cada pétalo que cae
y se impregna en ella.

No es un día cualquiera
se ha cristalizado el amor.
Porque ha llegado la primavera.

Revolviendo en tú silencio

Indagando en tú mirada
siento sonar campanillas
me detengo en tú llamada,
entendiendo tu pensamiento.

Mi alma está enamorada,
de tú sonrisa tan dulce
de tus palabras calladas,
y así estoy mirándote en secreto.

Mis manos están hechizadas
cuando tu tacto me empapa
de tu piel tan sonrosada.

Y con el brillo de tú pelo
quiero hacer una entramada
poder mesar tus cabellos
entre mis manos extasiadas.

Adentrándome en tus sueños
seré tu princesa soñada,
y pintare con tú nombre
cada rincón de mi almohada,

Índice